枫哥品性之三

性与经济

张枫◎主编

南方日报出版社
NANFANG DAILY PRESS
中国·广州

图书在版编目（CIP）数据

性与经济 / 张枫主编. -- 广州 : 南方日报出版社,
2011.11（2025.8 重印）
（枫哥品性）
ISBN 978-7-5491-0269-3

Ⅰ. ①性… Ⅱ. ①张… Ⅲ. ①性学—关系—经济
学—通俗读物 Ⅳ. ①C913.14-49②F0-49

中国版本图书馆 CIP 数据核字(2011)第 222211 号

性与经济　　张枫　主编

出版发行：南方日报出版社
地　　址：广州市广州大道中 289 号
电　　话：（020）87363865
经　　销：全国新华书店
印　　刷：广州市新怡印务股份有限公司
开　　本：889mm×1194mm　1/32
印　　张：3.125
字　　数：50 千字
版　　次：2011 年 11 月第 1 版
印　　次：2025 年 8 月第 4 次印刷
定　　价：20.00 元

投稿热线：（020）87360640　　读者热线：（020）87363865

《枫哥品性》编委会

《性与经济》

目录

序

上篇

下篇

性的经济色彩

□张枫

对于匈牙利诗人裴多菲的名句“生命诚可贵，爱情价更高”，人们大多都是从精神层面去理解的。如果我们纯粹从字面去解读，那么这句话无非是说爱情的价格比生命的价格更高，或者可以庸俗一点认为，为了获得爱情所花费的金钱要多于为保存生命所花费的金钱。当然，这样的说法显然不符合人们对于生命、爱情两者间性价比的态度。虽然我们时常听到有人为爱殒命的新闻或故事，不过对于大多数人而言，套用经济学的术语，就是每一单位爱情对生命的边际替代率为零——也就是说，没多少人会真的为获得爱情而愿意失去自己的生命的。

用金钱这样具体的对象来衡量爱情这种抽象对象，也许就相当于英国哲学家赖尔所说的“范畴错误”，那么拿金钱来衡量性呢？这似乎又产生了另一个问题：即便真的可以用钱来衡量性，这样做岂不是很不道德吗？毕竟，把与爱情紧密相关的性如商品一般地看待，觉得有钱就可以拿来消费，且多多益善的话，这未免太无耻。所以《旧约·箴言》中上帝就说：“不可与妓女和外邦女子结交，因为妓女是深坑。”他还说：“与妓女结交的，却浪费钱财。”

话说回来，上帝反对人们结交妓女原来也是出于妓女会让人浪费钱财这样功利的原因，可见古人便已经意识到性是可能成为商品被用于交易的，有着经济的色彩。对于借助考察不发达民族来研究人类原始社会的人类学家来说，发现性具有商品的属性并不稀奇。英国著名人类学家马林诺夫斯基就在其名著《野蛮人的性生活》中谈到了“爱情的商品特点”，在论述特罗布里恩特岛上男女的性生活时说道：“在每一例爱情过程中，男人必须经常给女人送小礼物。在土著看来，单方面的付出，是不证自明的。这个习俗暗示着，即使在相互依恋的情况下，性交也是女性为男性所尽的义务。正是这样，根据交互或授受法则，它必须得到回报，这个法则渗透了部落生活，因而，每个礼物、每个义务和每个好处，都必须等价回报。”对于想不给礼物而与女孩性交的男孩，女孩会说：Gala buwam, apayki（“你没有什么报酬给我——我拒绝”）。

在远古时代，男性为获得性所付出的可能只能算礼物，毕竟上文中的姑娘也是在自己愿意与别人性交时才会索要礼物。按照马林诺夫斯基另一部著作《西太平洋的航海者》中对“库拉圈”（Kula ring）的研究，土著居民收取礼物一来并不为了自己长期占有，而是为了将来能继续与其他人交换礼物，二来也不强制要求礼物是等价交换。然而当人类进入了私有制社会，性与妇女的肉体终于大规模地成为了商品。我国早在春秋时期就出现了自发组织的私人妓女，《史记·货殖列传》中记载："中山地薄人众，犹有沙丘。纣淫地余民，民俗懁急，仰机利而食。丈夫相聚游戏，悲歌慷慨，起则相随椎剽，休则掘冢作巧奸冶，多美物，为倡优。女子则鼓鸣瑟，跕屣，游媚贵富，入后宫，遍诸侯。"这些赵女郑姬精于打扮，善于歌舞，兼善媚术，色艺俱佳。为了金钱她们不惜出卖肉体和色相，有时甚至长途跋涉"上门服务"。

而在世界范围内最早的卖淫活动则可以追溯到4000年前的两河文明。古巴比伦的典籍如史诗《吉尔伽美什》，还有寺庙遗址中的壁画表明，妓女是巴比伦神庙中的重要职业；在西方被誉为"历史之父"的希腊史学家希罗多德在《历史》中记载了这种圣职妓女："每一个巴比伦女子在一生中都必须去一次阿佛洛狄忒神庙，坐在那里，和陌生的男子交合……一旦坐在自己的位子上，那就只能等一名男子将银币扔到她的裙上，将她带出神庙与她同卧之后，她才能重返家中。扔下钱币后，那名男子必须说：'以女神阿佛洛狄忒的名义。'"这种带有宗教色彩的卖淫活动甚至被宗教领袖们利用来聚敛大笔财富：在古罗马皮尔吉港的阿斯塔特神庙附近曾有一排小房子，经考古学家证实，小房子是附属于神庙的妓院。在"世界官妓之父"——齐国的管仲开设"女闾"约半个世纪后的公元前594年，在遥远西方的雅典城中，执政官梭伦也建立起了西方第一家国家妓院。

梅因在《古代法》中留下名言"所有进步社会的运动，到此处为止，是一个从身份到契约的运动"。然而这也意味着人身也可以成为甚至只能是契约的标的；黑格尔则在《法哲学》中说"从自由的角度看，财产是自由最初的定在"，然而对于身无分文、缺乏财产的人来说，获取这自由的定在的唯一途径恰恰就是出卖他的身体。出卖身体的甚至已不仅仅是妓女，婚姻家庭关系也暗藏着经济关系。芝加哥学派的经济学家如贝克尔、波斯纳等发扬了他们经济学的传统，将包括婚姻、卖淫等性学的内容，放在了经济学的显微镜下。

贝克尔在其著作《家庭论》中，别出心裁地构造出了一个婚姻市场，他认为，男女双方做出结婚的决策条件是结婚后各自的收入大于单身时的收入。贝克尔还认为在一夫多妻制中，由于妻子的生产能力（包括其物质生产和子女生产）存在着边际递减的现象，因而男性对妻子的“需求曲线”是向下倾斜的，而不同的男性由于占有不同数量的资产，对于女性具有不同的吸引力，因而会出现富有男性拥有数个妻子，贫穷男性却单身的现象。

国内某著名经济学家曾宣称婚姻乃是“终生批发的期货合同”；还有人按照诺贝尔经济学奖得主莫迪利亚尼的“生命周期假说”，计算结婚的直接成本：假设一个人月收入1000元，工作40年的总收入是48万元。48万元一半自己用，一半拿来跟妻子换一生中“性供应”时期的4600次床事，那么平均每次也就是52块多。据此还可得出结论：富人更容易包二奶，因为按照上述逻辑，一个终生收入460亿元的亿万富翁如果不包养情妇，那么每次和妻子上床的“成本”就会高达500万元，那何不出去包养二奶、小三以降低“每单位性交的成本”呢？且不说这样的逻辑是否能通过统计检验，这些性的供求理论中本身就暗含着一个秘而不宣的社会观念：男性是性的消费者，女性则只是性的生产者，女性像商品一样被买卖，无论她是妓女还是妻子。这样的社会观念正应了恩格斯所说的“婚姻本身和以前一样仍然是法律承认的卖淫的形式，是卖淫的官方的外衣”。

当然，如果我们不把性的因素作为一种特殊商品，而只是作为其他经济现象的代理变量，那么经济学家们还是可以从中挖掘到不少有趣甚至有用的东西，如讨论经济周期、股票波动与妇女裙长的“裙边理论”。而接受了复杂的统计学训练的现代经济学家们则可以从数据中挖掘出更多性与经济间的复杂关系。譬如哥伦比亚大学华裔教授魏尚进等就曾于2010年发表论文《国际收支失衡的性别比例失衡模型》，指出由于中国男女性别比例失衡导致储蓄率上升，进而导致中国国际收支账户失衡，这一因素能解释超过50％的中国国际收支盈余的产生。看来如果经济学界能涌现更多这样的研究，那么对性与经济关系的研究也许就不会仅仅是饭后谈资、床头夜话，还可能成为政策制定者的重要参考。

上篇

中国第一家妓院的产生

在很多明清电视剧中，剧组所搭建的妓院场景都有神龛。至于神龛上供奉的是谁，观众不会细究。有谁愿意被供奉在那样一个地方当妓女神呢？殊不知，这位妓女神正是伟大的政治家管仲！管仲是第一个创办官方妓院的人，比梭伦创立雅典国家妓院还要早50年以上，也有人称管仲为“世界官妓之父”。

政治家办妓院，看起来有点让人匪夷所思。管仲是春秋时期齐国的丞相，少时丧父，老母在堂，生活贫苦，不得不过早地挑起家庭的重担。为维持生计，管仲与鲍叔牙合伙经商；后从军，到齐国，几经曲折，经鲍叔牙力荐，为齐国丞相，被后人称为“春秋第一相”，辅佐齐桓公成为春秋时期的第一霸主。

管仲不愧为第一相，他不仅在国事上辅佐君主，在“房事”上也替君主考虑周全。在齐桓公住所中，管仲设置了相当数量的“女闾”（其实就是妓女居住的馆所，也就是后世的妓院），同时开办了两个市场，共有两百余名妓女，齐桓公经常披头散发地与妓女厮混，享受之后，他也会将一些官

▲管仲是第一个创办官方妓院的人，比梭伦创立雅典国家妓院还要早50年以上，也有人称管仲为“世界官妓之父”。

妓恩施给士兵们。

据史料记载，设“女闾”制应该是在公元前685年至公元前645年之间，尽管当时齐桓公掌管的齐国已经是诸侯霸主，可惜经济并不发达，管仲推出女闾制，在某种意义上促进了齐国的经济发展，这也是身兼要职的管仲不得不走的一步。

资料证明，管仲创办妓院的目的有三：

第一，招财引才。管仲建立妓院的目的就是为当时的齐国招商引资。数量庞大的妓院不仅刺激了消费，而且带动了其他产业的发展，为齐国成为一方霸主奠定了雄厚的经济基础。另一方面，管仲为让齐桓公能够称霸天下，也充当了“猎头”的角色，他试图借助女闾中的美色吸引四方人才，为当时齐国的发展献计献策，所以管仲办妓院，可谓一箭双雕，促使齐国人财两旺。

第二，注重百姓“精神建设”。当时“家妓”或者“私妓”已经在民间暗露苗头，很多皇亲国戚、高官贵族、士大夫以及富豪乡绅都可以在府宅私藏大量绝世美女，让很多普通百姓眼红，更有一些没有能力娶妻生子的男子举动过激，引发社会问题。所以管仲将一部分官奴聚集在一起，服务于民众，起到了缓解社会矛盾的作用。

第三，善解“主”意。据古籍记载：“好内，多内宠，如夫人者六人。”齐桓公原本是一个好色之徒，后来有了鲍叔牙、管仲的协助之后，就开始无心打理国事，整日混迹在女闾中。管仲在体恤民情的同时，也为齐桓公的好色提供了便利条件。

管仲的这项举措，很快被其他各国效仿，一时妓院大兴，为日后汉武帝创立营妓制度建立了扎实的基础。因此，后来的许多青楼都把管仲奉为神明，日夜敬拜，企求生意兴隆。

【枫哥点评】

在西方，女色与金钱一样都被视为“资本”，利益群体可以利用彼此手中的资本进行交易，从而促使资源的流通，达到资源最优化、利益最大化。中国第一家妓院的产生也是符合这个规律的。管仲只是将已有的资源从齐桓公的宫殿搬到了市井小巷，但带来的经济效益却是巨大的。不过该灭亡的还是要灭亡，毕竟美色撑不起江山，妓院兴旺带不动国富民强，只有发展生产力，才是硬道理。

“流氓”歌手会赚钱

男女之间跳舞的时候轻轻拥抱会有什么后果？

我们可以看看封存在南京市档案馆的这份卷宗，号码是：84刑字—8182；姓名：C；案由：流氓。

1981年，C与刘晓庆、唐国强、陈冲、潘虹等11位演员一起被评为全国优秀青年演员。这个时候，没人会想到这个前途无量的青年演员，会在1983年锒铛入狱。

1983年初，C在南京拍《月到中秋》时，有个官员的女儿刚从香港回来，学香港举办了一场家庭舞会。舞会上C认识了另外某领导的女儿，两人边跳边聊，越聊越投机，约好第二天去这个女孩子家里继续跳。

第二天，C来到女孩家，拉上窗帘，打开录音机，刚跳了一曲，邻居的报警电话就打到公安局去了。

邻居报警的理由很简单，你拉上窗帘能干什么？肯定是乱搞男女关系，跳光屁股舞，这是赤裸裸的流氓行为。就这样，C被当场抓了起来，要不是很多人在其中帮忙求情，很可能被枪毙了事。因为C刚进县看守所小屋的时候，其中有个判了死缓的家伙，罪因是偷看了女厕所。

C由于身份敏感，他的被抓引起很大轰动。公安机关经过调查，认为没有受害人，顶多是生活作风问题，送回厂里教育。这时有中央级别媒体刊发了一份报道，说什么银幕上的明星，生活中的罪犯，说C如何纠集一伙人，把姑娘们带到红旗轿车中，集体淫乱、轮奸等等。报纸一出，举国哗然！

当然也因为C身份特殊，自有其他人暗中助力，C才没被民意给“杀”掉。

后来的事情很多人都知道了，这个C在监狱里面唱了不少传唱甚广的歌，什么《铁窗泪》、《钞票》、《愁啊愁》等。在20世纪八九十年代，这些歌曲人人都会哼上几句。当时学生上音乐课，都是唱C的歌曲。家里稍微有点条件的，都会买上一两盒C的磁带。这待遇，后来所有的流行天王天后都要自叹不如。

据不完全统计，不算盗版，C的磁带卖出超千万盒之多，给音乐制造公司和经销商带来近千万元的收益。而盗版者赚的又要远远超过正版。对比当时公务员才三四十元的月工资，这堪称天文数字。C虽然创造了巨大的经济效益，却仍分毫未得，仅以此减刑。

纯技术上分析，C的歌虽好，但他风靡全国最主要的因素，是他独一无二的“坐牢者”与歌手矛盾统一的身份。利用性闻效应推出C的幕后推手，真是十分精通营销策略啊。

C不是当时严打风暴中唯一一个倒霉的演艺人员，当时号称国内第一流行男歌手的Z因三角恋，也被拘留过。

20世纪80年代，Z以一首《迟到》红遍全国，出版发行个人专辑《成功的路不止一条》，狂销350万盒，这个纪录至今无人打破。可是，他很快“被流氓”了。

在当时，中国没有专业的歌手，很多耳熟能详的歌手的

▲男女之间跳舞的时候轻轻拥抱会有什么后果？有人很生气，后果很严重。

正式身份都是工人，像后来的流行歌手一姐毛阿敏是上海染化七厂的工人，Z也是上海群益无线电厂的工人。

Z进工厂时认识了两个女孩，都有好感，觉得这个不错那个也舍不得，磨磨蹭蹭了一段时间。Z成名后，眼界宽了，与这两个女孩子的感情无疾而终。当时Z以为这只是年轻男女的感情纠葛，分了也便分了，没什么大不了。没想到那两个女孩在Z成名后老是来找他。Z因为老在外地走穴演出，没有搭理她们，其中一个女孩找到记者诉苦，说Z这个当代陈世美成名了就把她给踢掉了。更可恶的是，Z这家伙是无耻的大流氓，曾经让她一年为他打9次胎。

文章见报后，Z很快像C一样进去了。Z因为三角恋流氓罪，被判了3年。

这事现在想起来蛮不可思议的，不过在当时是惯例，很多年轻人谈恋爱的时候，女的经常利用这点要挟男的，只要条件不满足，一声告你强奸，男的十有八九会倒霉。不过，一年打9次胎，你信吗？不知道会不会创造医学上的奇迹。

多年后，婚前性关系早成为年轻男女的家常便饭，二奶现象也不再成为新闻，有记者采访这两位歌手，问他们对这一现象的看法，他们都长久不语，最后一声叹息。

【枫哥点评】

经济和性行为有什么关系？从个体上看，“温饱思淫欲”这句话应该是最贴切的。在温饱都无法解决的环境下，谁还有精力想这档事？

在社会大环境里，社会经济越发展，人们对性爱越宽容。美国在经济高速发展的20世纪六七十年代，出现了性解放。中国在改革开放后，经济飞速发展的同时，对性的宽容度也大幅提高，非法同居罪就是这个时期退出历史舞台的。换到现在，C、Z的行为只是小儿科，连上报纸的资格都没有。但作为明星，因是公众人物，媒体还是会恶炒的。

从“亚当夏娃”到性文化节

文经风是忽然成为名人的，还是全国性的那种，18年前的经历，现在听起来依然像传说。

1993年1月8日，“亚当夏娃”在北京一场大雪后正式开业。然而，雪后放晴，天气良好，文经风依然等不到他的第一个顾客。直到16天后，才等来了第一笔生意，那还是一个偶然的误会。

事隔多年，文经风至今仍清楚地记得当时的那一幕。这种感觉像初恋，甜蜜，尴尬，但一直栩栩如生。那是个随便闲逛的小伙子，20来岁，穿件军大衣，吹着口哨溜达进来，四处打量。估计就是随便一个商店就进去的那种。

“当他终于看清楚这商店是卖什么的时候，口哨声戛然而止，而吹着口哨的圆圆口型就那么半张着僵在那儿，那尴尬表情很是滑稽。幸好，他那腼腆的表情也变得越来越严肃。最后他从口袋里掏出钱买了一盒避孕套，一句话没说便转身走出门去。”这笔一共 9.6 元的生意把文经风高兴坏了。

第一位顾客之后，又是门可罗雀的日子。那个偶然进来的顾客，果然只是一个小得不能再小的偶然事件。这样下去，不是办法。文经风想了很久，最后想到了爆料这个异想天开的主意，他抱着电话黄页，逐一给各报社“爆料”，说办了一家性用品店。最终只有《北京青年报》答应派记者来看看，回去发了一条短得不能再短的消息：“中国第一家性用品商店开业，这家商店坐落在人民医院门前，总经理文经风是一位30多岁的年轻人。”言简意赅呀。

让文经风没料到的是，这个不起眼的消息比其他头版新闻还要有效果。第二天一早，法新社的记者就扛着摄像机来了。接下来的半个月，登门采访的媒体络绎不绝，地方的，中央的，国内的，国外的，什么都有。文经风经常是连续十几个小时在镁光灯和摄像机前度过。

外电十分关注文经风，把这件事解读成一起政治事件，视为中国改革开放进程的一种标志。而新闻轰动带来的人潮，思想又各有不同，有出于对禁忌的好奇来看热闹的，也有觉得伤风败俗来责骂的，种种复杂情感，一时间把这家小店挤得像春运时的火车站。

其实那时候，“亚当夏娃”店里的商品并不是什么人们没见过的新产品，安全套占了很大的比重，还有少部分壮阳药品、一些试剂。

“亚当夏娃”打开了禁忌，两年后，北京的性用品商店增到百余家，十几年后的现在，如今中国的性用品商店已遍地开花。大城小镇，随处都可见“成人保健”的门面，甚至一些小香烟铺、食品店也同时挂着“成人用品”的招牌。各大药店设有专柜，超市有售，还有庞大的网络销售，在网上，号称“全国第一”的成人用品店不下100个。中国性学会也在自己的官方网站上开出了“华人性福商城”。

十几年来，中国成人用品产业一路狂奔，目前生产大约

▲看到《北京青年报》的消息，法新社的记者就扛着摄像机来了。

占全世界70%份额的性玩具用品，包括假阴茎、振荡器、性虐恋用品和充气娃娃等。相关产品发展前景极其乐观。性用品的出现，也曾被一些媒体炒作为贩卖淫具，直到广东省人口和计划生育委员会主任张枫提出“饱汉要知饿汉饥”，一亿多流动人员离乡背井，需要日用品，这才正名。现据不完全统计，其中蕴涵了上千亿元的市场需求和300%的利润空间。

1997年第一届性保健品博览会在广州召开，2003年，中国性文化节作为新鲜事物，在广东率先出现。广州性文化节，体现了政府的开放程度、体现了以人为本的理念，也可以说是对成人用品产业整治管理的一个有益尝试，不仅解密了性的神秘，更以科学的态度提高了老百姓对性的认知，提升性生活品质。广州性文化节不仅为成人用品产业带来了不菲的经济效益，也带来了巨大的社会效益。

首届性文化节5万人次参加，第二届20万人次，第三届30万人次，其后几年一年比一年热，最高人数达60万人次，2022年11月将举办第23届，公众从好奇，到了解、接受，并积极参与其中，夜晚的文化逐渐从暧昧走向光明。

【枫哥点评】

改革开放以来，国人的观念发生了巨大变化，不再谈“性”色变。成人用品产业得到较快发展，性文化节成功举办，表明物质生活水平提高的国人，精神上也有了多元化、人性化的追求。这是人本思想的回归，也是性文明、性道德发展的必然结果。开放的、多元的性文化展，对普及性知识，预防性病艾滋病传播，起到了积极的推动作用。

二奶打造“小香港”

阿华是经常来往于香港和内地的货柜车司机。刚开始跑内地业务时，他和同事来到海湾村，吃饭住宿的难题摆在眼前。在海湾村这一带，住宿的话，普通宾馆或招待所都需要100多块一个晚上。阿华这样的司机两头拉货，一般两三天进出一次口岸，一个月往返十多次。粗粗算下来，光住宿就要一千多人民币。货柜车司机又不是只住不吃，费用当然还要更多。

阿华出车到深圳，属出差，除去工资，每月还有四五千块的出勤补助，这些补助几乎大部分用在了内地的吃喝和住宿上。有次，阿华和内地同行交流，对方说，既然这样，为什么不自己租一个房间。在他们这里，一间小小的出租房每月不过四五百块钱，比起住旅馆便宜得多。

阿华想想也对，托人准备找个小单间。

这时，同行中传开了一个花边新闻，说某某前些天不仅在内地租了房间，还租了个“保姆”。保姆不做事，就是等这位大佬回来时做饭。当然，晚上还另有任务。

听起来像天方夜谭，然而这是事实。这些同行嘴里的

▲小镇里大量的高楼小区别墅几乎全是为香港人而建。15万常居香港人在此过着“一夫多妻”的生活。

某某是不是这群司机中第一个在内地租房包二奶的，已不可考，但他无疑带动了其他同行的跟风。

星星之火，就这样燎原起来，内地不少地方，司机们集体包租，形成了不少的二奶村。

再演变到后来，二奶村越来越多，名气也传得很远。提起国内的一些大中城市，很多港人可能说不出来，但这个小镇这个名字，在香港是家喻户晓，人人皆知。

在离香港不远的一个小镇，常居着15万香港人，这个小镇人数占香港总人口的1/40，人称“小香港”。这个小镇里的大量高楼小区别墅几乎全是为香港人而建。15万常居香港人在此过着“一夫多妻”的生活。相对于香港来说，这里低廉的房价，便利的购物天堂，加上全国各地蜂拥而至的美女，让这些在香港相对处于底层的普通居民享受着大老爷们的生活。

这些二奶和“老爷”在此消费，极大地刺激了当地经济，衍生出有名的二奶经济圈。

让人感到震撼的是，很多女孩将当二奶作为一种职业，甚至引以为荣。

在某位记者的采访过程中，不少年轻女孩说，像她们这些来自农村、家庭贫穷的女孩子难道就不能通过一些极端方式来改变命运？因为单靠自己的努力，实在无法改变自己的生活。

其中一个刚满19岁的女孩子对记者说，她跟香港“老公”一起生活了一年多，觉得对方还不错，每月按时给钱，房租也是他出的。她的生活一下子好了起来，所以相当满足这种生活。这位女孩还举了一个好朋友的例子，这位好朋友在沙头角做咨客，每天辛苦工作10小时，每个月的工资不足她的1/3，太不值了。

这个小镇因为其特殊的地理位置，在这里包二奶的并不只有香港人，许多外地有钱的男人在此包二奶也屡见不鲜。有民间统计数字显示，在这个小镇做过二奶的女子高峰时不下20万。

据《亚洲周刊》报道："中国大陆包养情妇者估计约有百万，当局酝酿修订《婚姻法》，严惩包二奶行为，给数以万计在中国各地包二奶的港台男人带来强烈冲击……"

盛极必衰，金融危机出现了。2008年10月，全球最大的一间玩具生产企业在这个小镇的生产基地倒闭，某二奶的"老公"也在年底被裁员，他留下一万块钱，便消失得无影无踪。也有主动炒掉不再挣钱的"老公"的。一名女孩说，金融危机后，原本慷慨大方的"老公"将她每个月的生活费从一万多元削减到4000元，她马上准备另寻新主。

这个当年被称为"世界最大的二奶村"的繁华小镇，在各地快速发展和法治的大背景下逐步走向衰落。现在的二奶村，几乎成为空城了。

【枫哥点评】

二奶问题，确实是个大问题，但不全是二奶的问题，其中包含了钱色交易和权色交易。从起源上看，二奶首先是受利益驱动，进而丧失道德，最终形成严重的社会问题。因此，对于二奶问题，我们不能听之任之，应该从经济、教育和法律等方面加以管理和处置。

代孕，肚皮衍生的商机

A女士今年27岁，五官端庄，身材高大。2001年，A女士只身来到深圳打工，辛辛苦苦干了6年，换过很多工作，一直存不下钱。在最迷茫的时候，她想过回家，只是回家又能怎么样呢？

就在这时，有人找上她，拉她走进代孕这个地下圈子。

那是2007年底，A女士与一位几年没见的女性朋友见面，对方看她过得实在不怎么样，就介绍她去做代孕。一个月后，A女士经中介介绍认识了一位江浙过来的客户，第一次见面，客户对A女士很满意，马上确定下来，签了合同。等孩子生下来后，A女士顺利拿到了12万元佣金。这报酬比她之前辛苦6年的所得还要多。

或许，没人能够想到，女人的肚子还有这么大的商机和经济效益。

A女士坦承，她选择代孕就是贪图舒服，来钱快。除了佣金外，每个月有人帮她租房子、给生活费，自己不用劳累干活。一切都不要花费，还有人给钱，这简直是千金难买的机会。

不过A女士知道，老家的父母肯定不同意自己从事这份

“工作”，她也没和家里说，只是每个月寄钱回去。在农村老家，只要有钱寄回去就行。如果你在外面打工一分钱都没赚到，回到老家反而会被人看不起。

真是一个笑贫不笑娼的年代。也许正是这样，才有那么多的代孕妈妈。

做代孕有点像传销，中介公司的工作人员辗转于珠三角一带的工厂、公司，物色合适的目标。单边联系得差不多了，就通过朋友来做说服工作。

中介公司一边找代孕妈妈，一边联系客户，然后双方见面配对。成事后你分钱我得小孩，可谓皆大欢喜。

找代孕的客户来源一是没法生育的夫妻，二是受重男轻女思想影响想要生儿子的，更多的是有钱人。一些老板文化不高，老婆年纪大了，抱着多子多福的思想，找代孕想多生几个孩子来继续自己的事业，他们不在乎钱。正因为这样，代孕妈妈，生儿子比生女儿的报酬会多一半或者更多。

这样的有钱老板，是中介公司和代孕妈妈们最喜欢的。

围绕着“代孕”，自然而然形成了一条灰色的产业链，除了中介公司、代孕者和客户，还有医院。

中介公司神通广大，他们的合作医院是三甲医院，这样才能保证代孕的成功率。代孕的方式有试管婴儿也有人工授精，全凭客户自己选择。中介公司有相熟的医生，红包这类的早有行情，数目是3万元到9万元不等，具体数目看医生的水平和生出来的是男还是女。

粗粗算下来，代孕者一次佣金十多万元，生活费、房租要五六万元，加上医生的红包和中介的中介费，客户最少要花30万元。

孩子出生后，几天内会验DNA，然后才给剩余的款项。南

▲没人能够想到，女人的肚子还有这么大的商机和经济利益。

方电视台的某节目曾经报道过一例奇闻。某代孕妈妈与客户签了合同后，自己在外面经常搞一夜情，结果生的小孩不是客户的。客户被气得把这代孕者给抓了起来，要她赔偿经济损失和精神损失。

这便是代孕的产业链，对一些财大气粗的客户来说，为了保证成功率，中介公司会同时寻找两个代孕妈妈。这样成功率自然更有保障，据说行内的最高纪录是，一个客户同时选了5个代孕妈妈，最终生下8个儿子，实在让人不寒而栗。

【枫哥点评】

20世纪70年代以来，欧美各国陆续开始有人委托代孕妈妈怀孕生子，以完成生儿育女的愿望。代孕在国外成了解决不孕症的一种临床选择。

近些年来我国出现的代孕者却是以金钱为目标，并形成一条产业链，这不仅违背了人伦道德，也违背了法律精神。对这种灰色的肚皮经济，有关部门要严厉打击。毕竟，生男生女一个样，提高素质最重要。婚后多年不育，可找医疗部门，当然也还有其他的解决办法。

艳照门里的性名誉策划

2010年1月初的某个晚上，林敏刚上Q，就看到损友大头的头像不断闪动：“快看，SS也出艳照门了。”

“又是艳照，太多了，看不过来，没意思。”林敏漫不经心地回了一句。

“可这是SS的艳照呀，而且很劲爆，你到底要不要呀？”大头没好气地回了一句。

“这个SS很出名吗？”林敏感觉自己有点落伍了，实在不知道这SS是何许人也。

大头很快发了一个链接过来，原来SS是一个模特，准确地说是一个小有名气的车模，再看链接上SS美女伴香车的照片，身材不错，脸蛋也不错。

给林敏传视频的过程中，大头显得情绪激动：“可怜的美女呀，肯定又是被熟人卖了，说不定就是前男友什么的，这些男人真他妈无耻。”

看视频时，林敏很快被雷到了，视频昏暗不清，光线模糊，画面质量非常一般，没有一点美感，比起艳照门鼻祖冠希哥哥拍摄的照片，“艺术性”差了不下十万八千里。当然，要说特殊的，就是视频里的女主角乳房十分夸张，非常像后天加工成的。要不是知道里面是一个小明星，实在没多少看点。

很快，SS先是在博客上否认自己是视频里的主角，并说"网络上某些人针对本人的恶意诽谤、人身攻击，本人不发表任何评价，但本人将保留追究发帖人法律责任的权利"。这印证了大头当初的判断，这是一起恶意的报复事件。

自从陈冠希艳照门事件流出后，一夜之间各种艳照层出不穷，标题都是报复前女友、前妻的，总之非得要搞得"对不起"自己的女人们身败名裂不可。

鉴于阿娇、陈冠希出了艳照门事件后人气一落千丈，拍摄好了的电影都被剪掉，接洽的代言广告被迫解约，最终被迫退出娱乐圈，不说名誉损失，经济损失起码四五千万元。林敏对这个叫SS的车模在娱乐圈的前景也判了死刑。

然而，不到三个月后，SS高调出现在北京某大型车展，据说代言费大涨。曾几何时，"艳照"二字一出，女当事人们纷纷无地自容身败名裂。而SS反其道而行之，大获成功。林敏感觉这起关于SS的艳照门里面大有玄机。可谓同是艳照，此门非彼门。

和一些朋友聊天，有人又说起某球星的车震门。他是篮球明星，曾经在大型比赛中有着十分出色的表现。2009年9月，有人主动向媒体爆料其和一女富翁的车震门照片。那照片抓拍得非常精彩，可读性很强。然而没几天，女主角的身份出来了，是一演唱组合的前主唱。众人才恍然大悟，原来如此。

好一场赤裸裸的炒作。

炒作竟然以这种方式来进行，实在是无所不用其极。原

▲在“有心人”看来，艳照门隐藏着天大商机，只要利用好，那是白花花的银子。

来性名誉、性丑闻也是可以如此利用，如此赚钱的。只是前主唱虽花了大工夫，牺牲色相，收效却甚微，赔了夫人又折兵。

SS的名气骤然响亮，很快被冠以中国第一车模的美称。大头和林敏在QQ里面吹水，不由感慨世风日下，真是什么人都有呀。

几个月后的广州车展上，被冠以中国第一车模的SS引起了极大的关注，据说仅仅出场了半个小时的她，代言费冠盖全场。人山人海的车展上，SS代替靓车成为全场焦点。有记者采访围着争先恐后看SS的人群，有个中年男子咧咧嘴，笑道："我就是来看SS的。"

"为什么就是来看她的呢？"漂亮的女记者问道。

"因为她出名呀。"

"为什么知道她出名？"

"不是有艳照吗……这次就是来看真人的。"

中年阿叔和美女记者的对话，在这个当地收视率很高的新闻节目播出后，颇有恶搞的意思。

然而，这是事实。

艳照门，对众多主角来说，这是悲惨的不愿面对的伤害，除了名誉，可能还有不菲的经济损失。可是在"有心人"看来，这又隐藏着天大商机，只要利用好，那是白花花的银子。

用性做噱头，策划出如此种种匪夷所思的艳照门，以便捞取经济收益，不知该说策划人聪明，还是该说公众对性道德已经没有了底线。

【枫哥点评】

性丑闻永远是最有效最恶毒的攻击手段，性丑闻一出，中招者无不身败名裂，这也是各种艳照门层出不穷的原因。然而，艳照既有噱头，也蕴藏巨大的商机。只是靠炮制性热点、挑战公众的道德底线来谋取功名暴利，不能不说是时代的悲哀。

丹霞山两块石头背后的旅游经济

北京时间2010年8月2日凌晨5点03分，在巴西首都巴西利亚召开的第34届世界遗产大会上，以广东丹霞山为首申报的中国丹霞世界自然遗产，成为中国第8项世界自然遗产。

得天独厚的自然景观，加上当地政府的支持以及旅游公司的包装宣传，尤其是在申遗成功之后，丹霞山景区快速发展，游客总数不断上升，从1993年的19万人次到2003年的73.4万人次，再到2005年的117.9万人次，再到2010年游客总数更是达到302万人。在络绎不绝的游客中，很多人都是冲着阳元石和阴元石去的。为什么人们就是喜欢看这两块石头呢？

原来，阳元山上的阳元石高高地耸立在海拔200多米的山坡上，其独立径长28米，直径7米，其形状不论是上部（头部）、中间到下部，与勃起的男性生殖器都十分形似，甚至色泽、“血管”都十分相似。阳元石的长度是普通男性勃起时长度的175倍，直径是普通男性勃起时的204倍。另外，被称为“天下第一女阴”的奇景——阴元石，也隐藏于这深山幽谷之中，1998年才被发现，高10.3米，宽4.8米，其形状、比例、颜色简直是一具扩大了的女阴解剖模型，被视为“母亲石”、“生命之源”。

众所周知，旅游业是一个综合性很强的产业，吃、住、行、游、购、娱是旅游的六大要素。要有吃、有住，进得来，出得去，有物可购，有处去乐。

为使丹霞山景区的旅游经济更上一层楼，人们再次想到了阳元石和阴元石。有学者认为这两块石头和早期人类的生殖崇拜有关，男性生殖崇拜较之女性生殖崇拜具有更丰富的内容和更广泛的影响。阳元石长得和男人的“根”极度相似，那和生殖崇拜有怎样的关系呢？阳元石与阴元石隔山隔江相望，直线距离不到5公里，是大自然恩赐给丹霞山的瑰宝，中国性学会也多次来到丹霞山研讨自然景观与性文化的关系。民间还流传着阳元石和八仙之一吕洞宾的传说。这些都给阳元石与阴元石增添了更加神奇的色彩，为其他景区树立了典范。

那么，“男人看了脸红、女人看了心动”的阳元石和“天下第一女阴”的阴元石能不能成为丹霞山景区旅游经济的新推力呢？在稳定省内国内的游客数量之后，景区将游客来源定位于韩国、日本及东南亚地区。韶关市旅游局就两次到韩国举行推介会，通过大型主题片介绍丹霞秀美风景、风俗民情。针对日本人对爱情的崇拜及其与爱相关的文化节宣传，主推阳元石和阴元石所在景区。有课题组曾经也向丹霞山景区建议提出以“丹霞之恋”的集体婚礼模式吸引国内外游客，打造“爱情名山”的营销策略。2011年七夕，景区又推出了“七夕情人节：邂逅丹霞山 将浪漫爱情进行到底”的系列活动，在年轻人中反响很大。

继2010年全年接待游客量首次突破300万人次大关创下历史新高后，2011年上半年，丹霞山共接待游客158万人次，同

▲有课题组曾经也向丹霞山景区建议提出以“丹霞之恋”的集体婚礼模式吸引国内外游客，打造“爱情名山”的营销策略。

比增长34%；实现旅游总收入3.15亿元，同比增长37%，丹霞山景区旅游经济再创历史新高。这就是一座名山，两块石头创下的财富传奇。

【枫哥点评】

旅游在现代服务经济中占据着越来越重要的地位，而旅游经济需要吸引人们眼球的卖点。随着社会观念的日益开放，自然也允许使用“性”打响旅游产品的品牌。阳元石和阴元石，不再是历经岁月沧桑的普通石头，而成为“吸金石”。它原本是大自然鬼斧神工的杰作，一旦被人们赋予了新内涵，增添了性元素，立马价值连城。

阿姆斯特丹的红灯区经济

荷兰这个西欧小国给世人留下的印象，不仅仅是郁金香、风车、荷兰木鞋、“海上马车夫”的历史和他们“全攻全守”的足球，还有大麻与色情——事实上大部分带着好奇与探秘冒险之心的外国游客主要就是冲着后两者而来的。

荷兰是世界上少有的允许妓院等色情场所合法经营的国家之一，而阿姆斯特丹是欧洲最后一个允许妓女以橱窗揽客、公开卖春的城市，正是凭着这一独特产业，阿姆斯特丹形成了一处举世闻名的红灯区。现在的阿姆斯特丹红灯区从旧教堂一直绵延到中央火车站门外的运河边，规模相当宏大，且有数百年历史。根据官方数据，当地有142个登记的色情场所，以及近500个用于色情表演的色情橱窗，此外还有大量未登记的色情从业人员在红灯区内秘密存在。

这一合法的色情营业场所集中区的存在，既与荷兰人特殊的宽容观念有关（荷兰是世界上第一个允许同性恋婚姻存在的国家），也与市政当局发展经济、旅游业的需求有关，而无论是观念上的开放还是经济上的需求，都有着历史渊源。阿姆斯特丹这座“色情之都”是欧洲航海门户，在17世

▲阿姆斯特丹是欧洲最后一个允许妓女以橱窗揽客、公开卖春的城市。

纪航海冒险的黄金时代，来自北非、北美、印尼、印度乃至巴西的冒险家们，在结束或惊险或单调的旅程登陆之后，寻欢作乐乃是第一冲动。在那个还未曾有电灯的时代，红灯区已经依靠蜡烛发出了诱惑之光。

进入20世纪，为了保护妇女权益，荷兰议会曾在1911年立法禁止妓院经营，但事实上这一法令一直都没有被实际执行，到了1999年荷兰议会还通过法案，宣布妓院合法化，并加强政府对色情行业的各种监管限制，比如妓院必须配备报警按钮、安全套和冷、热水。《纽约时报》曾在2008年2月报道说，官方统计的数据显示，阿姆斯特丹的性交易，每年创造着超过1亿美元的收入；该报道还说这一行业得到了超过70%的荷兰公民的接受或者支持，“民众认可率相当高”。

然而现在的社会和政策形势对红灯区似乎越发不妙。由于大量外国游客慕名而来，荷兰色情业红火发展的同时，也把善于贩卖人口、收取保护费的黑社会引来了。来自东欧、俄罗斯的黑帮已渐渐控制了红灯区，把这里变成贩卖妇女、洗钱和贩毒的中心，暴力案件频发。为了整治红灯区、整治色情橱窗这一阿姆斯特丹的“门面”，2007年9月，阿姆斯特丹市政府与地产商达成协议，买下该市红灯区内18栋建筑，将之全部或部分改建成公寓或是商用建筑物；一年后市政府又与荷兰时装组织HTNK联手推出了一个名为“红灯时尚”的时尚产业发展计划，斥资1500万欧元买下51个橱窗改作他用，这些橱窗的新主人旋即变成来自世界各地的珠宝设计师和时尚设计师。市政府希望在2012年开放市内一条新的地铁线路前完成扫荡红灯区计划，到时的红灯区将限于几条街，以挪出地方开设高档旅馆和潮流时装店。

阿姆斯特丹市长若布科亨解释：“我们意识到，红灯区的色情业已经不是小规模的行业了，大型的犯罪团伙也已经介入，从事人口走私、毒品走私、谋杀等犯罪行为。我们不禁止色情业，但我们要取缔其他违法活动，包括赌博、拉客、洗钱等。”

然而这样的“面子工程”似乎让当地居民不满。“那些橱窗只是招揽游客，对于我们而言，这里意味着市中心的生活。”红灯区居民卡拉·佩特斯认为。他们习惯了这里的热闹，这里不仅有比其他地方更多的警力，还有更多的清洁工人。相比之下，更不讨人喜欢的是他们的新邻居——那些设计师。“他们从来不说话！”卡拉·佩特斯抱怨说，“那条街已经比以前冷清多了！”

利益受损的妓女们和妓院老板更是满腹牢骚。荷兰性工作权益组织“红线”发言人布拉克认为，市府这种做法反而会让性工作者更受到剥削，因为红灯区的犯罪问题出在皮条客，而非妓女。“更少的橱窗意味着更多的对女性剥削”，被迫卖淫的女性只会躲到别的地方。“市府应该打击的是皮条客”。妓院老板们还声称，将就这一决定向法院提出上诉。

【枫哥点评】

表面上看，对红灯区改造的争议双方都有理，缩小红灯区可以减少人口贩卖等犯罪，提高当地生活品质，可没了红灯区的“色情橱窗”，不但周边店铺生意冷清，更致使大量妓女失业而被迫转入地下。说到底，这场争端表面上是关于色情，其实是地盘利益的争夺。

从隆胸到“拆弹”看美容热

跟伟哥误打误撞从心血管药变成性爱圣药一样，第一例整容术仅仅只是为了治疗一个毁容的士兵。

1916年，英国皇家海军重炮手沃尔特·耶欧被大炮击中，脸部严重毁容，英国医生哈罗德·吉利斯大胆尝试，从沃尔特肩膀上切下一块皮肤，再设法移植到他脸上。随着手术的完成，沃尔特消失得无影无踪，这次堪称史上首例的整容手术也因此被历史封存。直到日前，这一绝密内幕才终于浮出水面。某解密档案称，这次脸部移植手术并未取得完全成功，但至少令沃尔特拥有了一张“新脸”。

而现在，美容已经成为人们生活中的常态，每天都有大量的爱美人士“为爱动刀”，比如49岁的英国人萨拉·伯格耗资50万英镑把自己打造成真人版芭比娃娃，而且她接受的手术数量甚至打破了世界纪录。多年来她共接受了100多次手术，如此疯狂的举动实在令人费解。

那么是什么让整容、美容成为一种社会潮流，融入到所有女士甚至某些男士的血液中呢？

“就业的压力。”一位长期从事教育的人士表示。

“现在就业形势并不看好，就业的压力特别大，因此很多年轻人希望通过整容来提升自己的信心。”客人在经过整容之后，外表塑造得更加有形，看起来更有气质和魅力，从而增加了信心。

“明星的成功效应，通过医学整容来改变自己的外貌，然后借此搭建一个进入演艺圈的平台，这种心态在整容一族中具有相当的代表性。”太平公主蔡依林变身G奶妹后，歌唱事业才突破困境步入巅峰。隆胸在美容、整容中占有十分重要的位置。隆胸的好处，各大美容机构的广告早已宣传得深入民心，使得爱美人士一说到美容，第一个想到的就是隆胸。

但隆胸并非是十全十美的选择。

道·柯林斯公司是美国为硅胶隆胸法提供硅胶的主要厂家之一，1992年2月10日，公司面临近40万名女性起诉，用来支付这些起诉的赔偿费也高达几十亿美元。这些曾经因手术换取外表满足的女性这时一点也不愿放过过去的恩人。道·柯林斯公司曾是世界上最大的硅胶乳房制造公司。自20世纪60年代以来，约有100万至200万美国妇女植入了该公司制造的人工乳房。在亚洲，受填充物开裂等副作用影响的韩国受害者在经过17年的诉讼后，终于从美国公司得到了巨额的赔偿金，这时是2011年2月24日。

回过头来看，是什么使得几百万妇女选择了道·柯林斯的产品？是广告的宣传和潮流的影响。

潮流的影响无处不在，让人忘记了风险。在2005年的超女王贝整容致死之后，普通老百姓才知道，我国每年有300多万人在做整形手术，全国每年有2万多起因整容而毁容的事例。而且整容手术的风险似乎并不仅仅于此。据了解，目前

▲隆胸热潮风行几十年后，欧美又在鼓吹“自然风”，让顾客把隆好的胸再次变小。

的整容效果只能保证5到10年内有效，并不是一劳永逸。

然而，虽然整容有着不小的风险，但越来越多的年轻人趋之若鹜。被业内人士称之为“美容经济”的整容产业，每年正以30％到50％的增长速度飞速发展，年收入超过800亿元人民币。

【枫哥点评】

现在各种整容医院、美容院遍布大街小巷，从业人员数十万，美女经济形成强大产业链条。甚至有极端的爱美者卖身美容，还有为美反复动刀的花季女孩死在手术台上，媒体间或爆出这类新闻，都说明整容、美容已经成为一种大势所趋的潮流。然而，这种美容潮流的本质是什么呢？

真的是为了各位的美丽吗？一切不过是商家的营销手段，让顾客把消费商家的产品当成一种文化，一种潮流。隆胸热潮风行几十年后，欧美又在鼓吹“自然风”，让顾客把隆过的胸再次变小。如“贝嫂”维多利亚日前接受杂志专访，她曾接受隆胸手术，从B罩杯扩充到了C罩杯，但去年已经“拆弹”回归自然。

“裙边理论”与经济周期

裙子的长短与经济、股市的形势有关吗？许多人都曾听说过“女人的裙子越短，经济就越旺”这个说法，可有多少人了解其背后的依据呢？这一理论现在还适用吗？其推动因素是否发生了改变？

20世纪20年代，美国宾夕法尼亚大学沃顿商学院的教授乔治·泰勒提出了这项今天被称作“裙边理论”（hemline theory）的论断。尽管这一理论听起来颇为滑稽，可这位教授还是严肃地指出：“经济增长时，女人会穿短裙，因为她们要炫耀里面的长丝袜；当经济不景气时，女人买不起丝袜，只好把裙边放长，来掩饰没有穿长丝袜的窘迫。”

裙子长短与经济是否景气的对应关系未必有严格的学理性，不过从经验上来看似乎又有几分合理。1965年，英国设计师玛莉·奎恩特（Mary Quant）设计并开始销售迷你裙。由于她所开设的名叫Bazaar的服饰店位于伦敦切尔西区的国王街，而伦敦又是当时英国乃至欧美国家的时尚中心，因而迷你裙就如野火般迅速蔓延开来。在西方国家经济飞速发展的60年代，女性的裙边也在一直升高。到了1968年世界经济几

▲一种社会现象甚或是一种衣着潮流，与当时社会的经济兴旺或衰落有着千丝万缕的关系。

乎达到当时峰值的时候，迷你裙也达到极限，一般裙长在膝上15到25厘米之间，迪厅里的迷你裙甚至演化为极短的紧身短裤——热裤。当时大街小巷，无论是社会名流还是普通人家的年轻姑娘都流行穿迷你裙：1966年，披头士乐队的成员哈里森大婚时，新娘穿的就是玛莉·奎恩特设计的迷你裙；更具代表性的是在1966年12月，当时的美国第一夫人杰奎琳·肯尼迪身穿一件裙长在膝盖上好几寸的短裙出现在公众面前，她的这一举动最终促使了裙长在膝盖以上的合法化。

然而好景不长，进入20世纪70年代，由于越南战争和其他社会支出导致严重的财政赤字，加上1974年中东国家实施石油禁运引发的石油危机，令美国经济陷入了长时期的高通胀、低增长的滞涨阶段。与此同时，迷你裙也遭到人们的质疑甚至是冷落。此时，时尚界又开始流行起低裙边了，比如maxi这类拖地长裙或midi这类的过膝中裙。连当时的著名后朋歌手艾尔维斯·卡斯特罗（Elvis Costello）也在一首歌中唱道："There's no place here for the mini-skirt waddle"（"再也没人穿着迷你裙在街上走了"）。

在裙长与经济周期这种看似关系荒诞古怪却又暗暗吻合的情况下，不少时尚界人士也不得不对此多留一份心眼，密切关注经济走势。20世纪80年代，刚刚摆脱了滞涨的美国又开始流行起迷你裙，并且变得多姿多彩。仿佛是受到狂野性感的迷你裙刺激，美国股票市值从1980年的24720亿美元上升到59950亿美元，通货膨胀率和失业率降至最低。然而1987年设计师们推出的当年新款秋季时装中，迷你裙竟然不见了身影；结果到了10月，美国股市发生了历史上最大幅度的单日下跌，史称"黑色星期一"。于是设计师们赶紧出来表示在来年春夏季的发布会上要改进。

进入21世纪，各大时尚品牌不断变换花样推出各种各样的迷你裙。然而在2008年3月进行的秋冬季米兰时装周上，当D & G、Emporio Armani等品牌大玩短裙风时，Gucci却主推中长裙、长裤。若是按照“裙边理论”，这一做法似乎有些不搭调，难道说Gucci的设计师们预测到未来经济形势不妙？果不其然，到了9月份，雷曼兄弟破产，全球陷入金融危机的寒冬中。看来Gucci的设计师们比不少经济学家都更有预测的眼光。

按照“裙边理论”的最初概念，女性在经济萧条时期穿长裙是因为怕暴露自己没钱买长丝袜穿；可长丝袜在20世纪20年代可能是奢侈品，但现在经济再怎么不景气，也不至于连一双丝袜也买不起吧？那么在21世纪有没有对“裙边理论”这一独特理论作出新的解释呢？纽约大都会博物馆服装馆馆长哈罗德·柯达认为：“伟大的设计师会掌握社会脉搏，了解普通百姓最关心的问题，当他感觉人们心理遇到困境、悲观情绪滋长，所设计的衣服就会朝着保守低调的方向发展，如长袖、高领、长裙。”

【枫哥点评】

一种社会现象甚或是一种衣着潮流，与当时社会的经济兴旺或衰落有着千丝万缕的关系。我更赞成哈罗德·柯达的说法，它清楚地解释了“裙边理论”这一现象的确切成因。而“丝袜”说只不过是对“裙边理论”的直白表述。

《花花公子》的商业传奇

自1953年休·赫夫纳（Hugh Hefner）创办了《花花公子》杂志以来，该杂志每期封面上的性感女郎和那只著名的白兔，已经成为性产业的一大标志，甚至成为性解放、性自由文化观念的象征。住在巨大的古堡豪宅中、身边性感美女环绕的《花花公子》老板休·赫夫纳，似乎总给人风流成性、生活糜烂的感觉。然而，这位兔子老板、当代的卡萨诺瓦，其个人生活最初却与风流毫不沾边。

赫夫纳1926年出生于一个极端保守的卫理公会教徒家庭，父母清心寡欲，遵守清教教义，无形中给赫夫纳套上了一副心灵枷锁。后来，赫夫纳家族发生了一件惊天动地的丑闻：赫夫纳61岁的爷爷因“抚爱”数名十来岁的女孩而被投入监狱，这深深冲击了正在成长中的赫夫纳，他认为“清教徒的性暴虐让好人变成了恶魔”。

1951年，从芝加哥艺术学院毕业的赫夫纳给《时尚先生》杂志干活，此时的他迎娶了第一任妻子米莉·威廉姆斯。然而婚姻和工作上的双重压力让他日益不堪重负，生活这杯鸡尾酒寡淡无味，就像他在26岁时空虚无聊的生活一

样，赫夫纳常常在回家的路上手拿一瓶啤酒，望着灯红酒绿的城市夜景，梦想着金钱和未来。

1953年因为向杂志社要求涨工资未果，赫夫纳愤然辞职。他抵押了家具，从银行贷款600美元，又向45名投资人筹集了8000美元，于1953年创办了《花花公子》杂志。《花花公子》的第一期是赫夫纳在自己家的厨房拼凑出的，光购买玛丽莲·梦露的裸照就花掉了500美元。赫夫纳不知道自己是否能成功，于是偷偷跑去报摊观察。当他发现一个和他年龄相仿的青年男士看到了玛丽莲·梦露的裸照后，面色潮红，匆匆翻看了一下，揣在怀中，付钱后慌忙离去，他知道自己成功了。

从此《花花公子》和赫夫纳进入了“黄金时代”：杂志销量从创刊号的7万册、第二期的18.5万册，一路增加到1959年单期发行量超过100万册；1972年最辉煌时更是高达700万册。《花花公子》还将业务扩张到俱乐部、酒店、旅游、书籍、唱片和影视，成为名副其实的“娱乐帝国”。

赫夫纳也似乎沉沦于纸醉金迷的生活不能自拔。1954年，赫夫纳曾在杂志上说：“我们喜欢自己的房间。喜欢把鸡尾酒和小吃掺和到一起享用，在录音机上放一些忧伤的曲子，请一位女性来悄悄探讨一下毕加索、尼采、爵士乐和性。”然而《花花公子》的未来之路显然不是那样的高雅，赫夫纳本人也慢慢发展出一套所谓的“花花哲学”：1962年到1965年间，他先后发表25篇文章，宣称要解放所有受束缚的男人，就像拯救自己一样，“满足现代男人更加现实、合理、人性和人道的性道德需求”。

赫夫纳还从理论走向实践，身体力行地扮演着《花花公子》的代言人角色。1959年，他结束早已名存实亡的婚姻，

▲赫夫纳宣称要解放所有受束缚的男人，满足现代男人更加现实、合理、人性和人道的性道德需求。

开始以报复性的方式，染指生活中邂逅的每一个漂亮女人，甚至还尝试了一次同性恋。他抽烟斗，开最酷的车，主持电视节目“花花公子的阁楼”，他说：“我又一次获得了重生。”

然而时过境迁，从20世纪80年代起，全球色情行业竞争日趋激烈，同时由于里根当选总统以及其代表的新保守主义的崛起，树大招风的《花花公子》自然首当其冲。再加上最近全球金融危机的冲击，赫夫纳和他的《花花公子》日子越发不好过。继2009年传出赫夫纳要以3亿美元出售自己一手创办的《花花公子》后，他老人家又要把他当年在洛杉矶送给第二任妻子金伯利·康瑞德的豪宅出售；作为上市公司的《花花公子》市值也从2000年左右的10亿美元暴跌到了8400万美元，纽约证券交易所甚至威胁要将其除名。

更糟的是《花花公子》似乎已经赶不上色情的“潮流”了。2010年10月，《花花公子》推出了办公室版网站“吸烟夹克”，虽然网站打出的卖点是“火热视频、名流八卦、生活方式、趣味影片和约会建议”，但网友们却纷纷表示，网络版《花花公子》无论怎么看都不够火辣。当时就有评论说，《花花公子》想将脱下去的衣服再穿上，实在不容易。

【枫哥点评】

无论《花花公子》在文化上、社会上有多么大的影响力或者说争议性，其本质仍旧是一本杂志、一家企业，自然逃不脱企业的宿命，必然经历成长与鼎盛，衰退与消亡。看来“不进则退”的说法，即使在色情出版业也是适用的。

现代“美女经济”

在罗马有一家自助餐厅，其老板为了引诱顾客在结账付款的时候多给一些小费，便想出了一条“妙计”：他找来一位长得非常漂亮的姑娘，坐在柜台边收钱，以便使男客们神魂颠倒，慷慨解囊。可是没过几天，美女收银员就对老板说：“我想，我不如以前漂亮了。”老板奇怪，连忙问为什么？美女答：“现在所有的男客都在柜台边反复地数找给他们的零钱。”

虽然这位老板的计策失算了，可我们还是能在各种其他行业看到这种利用美女进行商业营销的手段。美女收银员的美貌性感，正是吸引普通消费者尤其是男性消费者注意力的源泉，因而我们才会看到以各种男性为消费主力的商品营销中，出现了大量的美女形象。

各大汽车展上，车模总是其中的一大亮点，即使参观者没兴趣、没钱买车，也有兴趣驻足观赏展厅里那一辆辆汽车和在车旁搔首弄姿的各色美女，此情此景真让人分不清那人山人海的参展观众到底是来看车还是看车模的，以至于有笑话：“车展怎么样？答曰：模特很漂亮。”

▲即使参观者没兴趣、没钱买车，也总有兴趣驻足观赏展厅里那一辆辆汽车和在车旁“搔首弄姿”的各色美女。

高端酒类也是以男性为主的消费市场。国内观众大概还记得几年前五粮春以美女为形象做的广告：广告中的女子身着大红衣，以金为饰，以扇遮面，回眸一望，高贵妩媚典雅；后又转身奔向回廊那头，红衣庄重又不失飘逸，随着跑动生风；最终，伴着"名门之秀"这个评价，身影消失；观众一想到"五粮春"，就想起"名门之秀"，进而又想起那位美女，真可谓经典的广告营销手段。

被美女吸引的不仅是男性，女性也为广告中的美女所倾倒。典型的例子就是每年各大时装发布会上迈着猫步在T形台上穿梭的美女模特们，她们可谓是最早的美女经济了；不知有多少女性在看了杂志、电视上那些衣着光鲜的模特后，也动心地跨进了时尚品牌的专卖店里？更不用说化妆品这一必定只使用美女来营销的领域：电视上那洁白无暇、光泽滋润的肌肤面庞，正是无数女性观众所梦寐以求的。

美女魅力无法挡，为美女竞折腰的不但有消费者，也有想要成为美女的普通女性。2000年全球超级模特的收入冠军埃利·麦菲逊年赚6000万美元，拥有时装咖啡连锁店，生产以自己名字命名的女性内衣；季军克劳迪娅·希弗年赚5400万美元，每一场时装表演收费78000美元。即使不想做超模，为了职务升迁或就业便利，为了让自己获得更傲人的容貌身材，各路职场女性也大撒金钱，开支从化妆品、减肥产品甚至到整容手术，无所不用其极；这不但培育了一个美女加工产业，也引发了各种与美容/整容相关的一系列纠纷。如2004年环球洲际小姐北京大赛爆出的"杨媛人造美女事件"就曾让当事双方对簿公堂，社会各界对整容美女是否是美女也各执一词。

有对美女的供给，自然说明有需求，而有时对美女的需求甚至达到了连人造美女也不能满足的地步。2003年有一部叫《虚拟偶像》的电影，就以电脑CG合成的虚拟美女代替演员拍电影，引发观众对娱乐圈美女不满现象的大加讽刺；而就在不久前，日本甚至上演了《虚拟偶像》的真实版：一家叫江崎格力高的食品公司播放的某糖果广告中的代言人、人气偶像组合AKB48的成员江口爱实被爆出其实是以AKB48另外五位成员为原型用电脑CG合成的虚拟人物，结果引发粉丝不满，拒买江口爱实代言的产品，并要求广告商公开道歉，导致该公司股价暴跌。

【枫哥点评】

在现代社会，人们跟电视、网络互动交流的时间愈来愈多，出现了化整为零的“社会零碎化”趋势。人与人之间越来越疏离，社会上布满了“寂寞的个体”，甚至沉陷为马尔库塞所说的“单向度的人”。人们的情感从公共领域转移至私人消费、享乐的空间中；而美女天然具有的传播、吸引注意力的“功能”，自然使得以开拓市场、获取利润作为目标的企业家与美女结成了“同盟”。无数分离的个体消费者被广告中的美女们撩起了心中模糊的欲望与激情，被聚拢到了“消费主义”的大旗下。

比百老汇还主流的成人娱乐业

这个世界上有没有无论经济好坏都不断高速发展的产业？

答案是有。

据《纽约时报》记者法兰克·里奇的调查显示，色情行业是一个最具韧性的行业，当经济兴旺时，它随着兴旺，当经济衰退时，它加倍兴旺。美国《世界日报》援引美联社的报道称，金融危机后，严峻的就业市场正在使越来越多失业女子到成人夜总会跳脱衣舞，在成人电影中当脱星，或为《好色客》之类色情杂志拍裸照。

人们都以为美国最赚钱的娱乐事业是体育，但这是表象，那些经常出现万人轰动场面的全美篮球、足球、棒球联赛赛事，全部收入加起来还不及静悄悄地关起门来消费的色情业。

美国色情电影业聚集在圣费尔南多谷，当地有约200家制作公司，雇用了1500名演员，以及另外5000名员工，每年出品1.1万部色情电影，收益达130亿美元。

美国色情电影的演员薪酬颇为一视同仁，没有新人和当红演员之分。女演员日薪大概为1000美元，男演员则为200美

▲把性作为卖点，撬动无数人眼球之余，成人娱乐业也赚取了暴利。

元。这种对新人的不歧视，使得后备军源源不断。

色情影片拍摄过程中，男女演员都不使用避孕套，因为“如果在性交场景中使用避孕套，观众就不看了。观众们要看的是不戴避孕套的表演，越真实越亲近越好”。

而且，网络上充斥的免费或极便宜的照片或影音，严重威胁了限制级DVD的销售。这要求演员和制作公司必须提高影片质量，而戴上避孕套，往往会被看作降低影片水准。

然而不戴避孕套，又要面临艾滋病的威胁。2004年8月，加州议员鲍尔·克莱兹给185个色情电影制片公司和出版公司写信，要求演员采取“减少危害的措施”，如使用避孕套等，否则立法机构将“实施权威，采取更严厉的措施”。

这对美国成人影片业来说，是个两难的选择。

在美国，成人影片形成了强大的产业链，有些大公司利用他们的有线网络销售色情产品，美国电话电报公司和通用公司下属的直播电视集团有限公司就是其中的两家公司。当订购者付费看“高级内容”时，有线服务营运商抽取的费用有时高达90%。酒店业也从色情业中获取了高额利润：现在美国有150万间旅馆房间开通了成人电影频道，还包括为商务旅行者提供全方位的服务。据估计，成人电影利润占酒店室内总娱乐利润的80%左右。

正如某位产业分析家所说：“每个人都在获利。”每个参与者都有钱赚，因此更多的人参与进来。

色情电影演员每天的收入在200美元到1000美元之间，而整部影片的最低预算费用可能只需要5000美元。如果一个成人广播电台用1万美元买下这部影片，并用网络方式销售，即使只能得到网络销售收入的10%，这家成人广播电台也能赚得巨额利润。有线服务营运商能从中赚钱，是因为他们提供的个人电影几乎不需要任何成本。这简直是一本万利，抢劫都没这么来钱快。

事实上，色情娱乐业的发展速度使得他们形成了自己的圈子，产生了巨大的影响力。这个产业已经拥有了自己的协商会议、颁奖晚会和行业报刊，女色情演员也成为社会名人。

在这些从业者看来，色情娱乐不再是娱乐事业的旁支，它已成为主流。据色情影业大亨们说，色情影视的消费群涵括了美国社会的所有阶层。他们说，假如我们用市场规模来衡量主流与非主流的话，那么营业额达100亿美元的色情娱乐是主流呢，还是只有6亿美元营业额的百老汇歌剧是主流？

【枫哥点评】

把性作为卖点，撬动无数人眼球之余，成人娱乐业也赚足了暴利。成人影片在欧美日本等国销售额动辄数以百亿计，经济规模远超好莱坞。

有一种说法——日本的色情女星可以顶一支军队。原因是日本的色情产业占其国内生产总值的1%，恰好是国防预算的上限。日本文化产品海外出口排名第一的是卡拉OK，第二是动漫，第三是游戏，第四就是色情片和与性有关的作品。国情有异，靠搞色情片拉动经济在我国显然行不通，也不合民意。

假日经济与爱情旅馆

2004年，日本知名爱情旅馆Leisure旅馆集团发行总值达1亿英镑的股票，在伦敦二板市场（Aim）挂牌交易。在招股说明书上，Leisure不但承诺8%的股利收益率，还保证公司会快速成长。

日本为什么会出现这么多爱情旅馆，而且具有如此巨大的经济效益？追根溯源，日本的爱情旅馆始于17世纪，最开始是茶馆，不过除了喝茶，还会为客人提供别的服务。因为远离交通干道，渐渐成为地下情人幽会的场所，而且常常客满。

与最初的爱情旅馆不同，现在的爱情旅馆多半位于高速公路的两侧，一些旅游风景区也有建造。前往爱情旅馆的客人多半是青年人和中年人。光临者多半是情侣，也有一些是为了追求罗曼蒂克生活情趣的夫妇。

爱情旅馆的盛行，是当今日本社会发展和经济状况下的必然产物。经济高速发展，现代人压力增多，情侣夫妻间工作地点距离很远，日本涌现大量无性夫妻、周末夫妻。很多情侣、夫妻只有周末才有空聚集在一起，在一起，必然会有性行为。日本民众大多数的性行为发生在周末，而周末发生

的性行为大多数又是发生在爱情旅馆。

日本爱情旅馆盛行的另外一个重要原因是，按日本人的风俗，孩子7岁前必须和父母住在一起，这样就影响了父母的私人空间，爱情旅馆成了他们能单独享乐的唯一选择。此外，在日本，孩子们结婚前常常住在家里，有时直到二十四五岁甚至更大些，父母想亲热，也苦于没有地方，只好另找酒店。

据统计，日本现时共计有三万家以上的爱情旅馆，每年共有超过五亿次的伴侣前往使用，透过这个统计数字，我们就能明白爱情旅馆在日本人心中的地位以及其中隐藏的巨大经济效益。

对日本人来说，爱情旅馆早已成为全民的日常生活场所，成为当下生活的一部分，成为一种文化，一种潮流。利润自然十分丰厚。有统计数字说，他们每年的营业额高达550亿美元。

由于利润丰厚，爱情旅馆业近年来成为投资的热点，不断有大量的资金注入到这一行业，进入这一市场的投资人以每年1000家的速度递增。激烈的竞争迫使从业者不得不八仙过海，想方设法做到最好。一位专门从事为爱情旅馆提供可旋转法式豪华床的参展客商在采访中表示，“现在的竞争几乎已经达到了白热化，不想被淘汰的话，除了不得不打价格战外，更重要的是必须牢牢站在时尚的潮头，用各种新鲜的花样吸引顾客。”

这种良性竞争，最终得益的是所有日本人，用最少的钱，获得最好的服务，满足了自己的性需求，让心灵找到暂时的港湾。

▲日本民众大多数的性行为发生在周末，而周末发生的性行为大多数又是发生在爱情旅馆。

【枫哥点评】

经济社会发展影响着人们的性观念和性行为，美日等国曾经在20世纪六七十年代发生过性解放，在90年代日本流行援交经济。这些现象在中国经济飞速发展后，也逐渐出现，这需要有关部门和专家对此加以研究。具体到爱情旅馆，中日文化背景和经济现象很相似，目前因为房价高涨，恋人们、父母们也没有什么私人空间，爱情旅馆会不会在我国也铺天盖地流行起来呢？这是一个值得探讨的严肃话题。

人口贩卖与色情产业

在昏暗的走道中，一名年轻女子慢慢地走上阁楼；后面身着黑色皮衣的男子显得很不耐烦，猛地推了她一把，要她走快点。在阁楼上的房门前，黑衣男子把女子推到墙边，用乌克兰语对她交代些“事情”，女子含泪脱下自己的鞋子，换上男人给她的红色高跟鞋，走向房门。门口一个胖子等待着她的到来，他掏出钱包，给了黑衣男子一些钱，黑衣男子说“1小时”，随后就把神情恐慌的女子推进了房门，房门被胖子关上……不到1分钟，那黑衣男子刚刚数完钱走出大楼准备过马路时，街上传来了人们的尖叫和汽车防盗系统的警报声：那个惊慌的女子从窗户跳下，重重地摔在楼下停放的轿车上。

以上只是一段虚构的场景，出自2005年一部美国的迷你电视剧《人口贩卖》（*Human Trafficking*）的开头。虽说影视作品的情节大多是虚构的，然而其背后总有现实的对应。这部电视剧揭示的现实就是横贯在西欧、美国与东欧地区之间那漫长而又隐蔽，夺取了不知多少少女的青春、自由甚至生命的人口贩卖—色情网络。可以说，没有色情业的需求，在

▲可以说，没有色情业的需求，在现代几乎不会出现人口贩卖这门生意。

现代几乎不会出现人口贩卖这门生意；而没有人口贩卖，色情业的生意也是无法维持下去的。

在欧洲，人口贩卖的链条横跨欧洲大陆，东端的巴尔干诸国、东欧各国成为性奴隶的“供货地”，而西端的西欧发达国家则是其“消费者”。据联合国毒品和犯罪问题办公室（UNODC）在2010年7月发表的一篇报告显示，全球每年被贩卖的人口大约有80万人，其中80%的受害者为女性；当她们被卖到欧洲后，79%的妇女遭受性奴役，这些受害者中51%的人来自巴尔干地区和独联体国家，13%来自拉丁美洲国家，7%来自东欧国家，5%来自非洲国家。像比利时、德国、希腊、以色列、意大利、荷兰这样的欧洲国家已经被UNODC列入贩卖人口目的地的国家名单之中。

2007年一部由以色列、英国和加拿大联合拍摄、描述全球范围内的色情人口贩卖活动的纪录片*Sex Slaves*，获得了当年艾美奖最佳纪录片的殊荣。节目制作者在欧洲一家地下妓院里发现很多被从乌克兰和摩尔达维亚贩卖来的女孩，她们13岁到16岁还是处女时就被人贩子卖到欧洲某个国家的边境上，然后转卖给妓院老板。妓院老板让她们染上毒瘾，经常殴打她们，强迫她们接客，有时每天多达35次。在两三年的时间里，很多女孩多次堕胎，感染艾滋病、性病和严重的风湿病，等到她们被榨干油水后，妓院老板就会把她们转卖给器官移植黑市或者扔在街头等死。当选2000年“保加利亚小姐”的马戈达利娜在2003年的一次访问中表示，保加利亚被贩卖的女子常常是12岁至18岁的姑娘。一个被贩卖的女子平均每晚为10个至15个嫖客提供性服务，每年为老板赚取9.63万至16万美元。

这一人口贩卖—色情网络还滋生了一个庞大的黑色产业

链条：人体器官贩卖，毒品交易，儿童交易，武器交易，甚至是假证和伪钞的制作交易……据报道，一个性奴隶的身体至少值1500万欧元。在美国和欧洲的公开市场上，人体器官都是明码标价：一克骨髓2.4万欧元，一个肺11万欧元，一个肾9万欧元，一颗心脏6万欧元，一对眼睛25万欧元。

在其他地方，情况同样不容乐观。为美国国务院撰写了2010年人口贩卖报告的特别调查员克洛南伯格（Stefanie Kronenburg）在布里斯班的调查发现，每年约有1200名移民在澳洲沦为人口走私的受害者，他们的护照被犯罪分子没收，然后被迫像奴隶一样工作。在美国，每年约有1.45万至1.75万人被卖为奴，在美国城乡可以看到这些被拐卖者；2004年，加州大学伯克利分校的人权中心和“解放奴隶”组织联合调查了美国1998年至2003年间强迫劳动现象，发现卖淫和性服务者占到了强迫劳动者的46%。

【枫哥点评】

在本文开头提到的电视剧《人口贩卖》结尾处，女主角——一位美国移民与海关执法局的探员在演讲中说：“如果我们的文化和市场没有这样（色情产业）的需求，就没有人会受到这样（人口贩卖）的伤害。”这里也反映了在欧美发达国家，每一种成为社会现象的犯罪，都有其内在的经济原因。

网络游戏中的性

网络游戏作为一项新兴的电子娱乐产业，催生了以网络游戏里各种角色和物品为中心的“新经济”。然而，正如现实生活中并不是所有经济活动都是合法的，有所谓的“地下经济”，网络游戏中也存在着各种不道德甚至属于犯罪的经济形态。这其中，与性有关的违法活动引人注意。

其实网络游戏中掺杂着性的内容并不算很新鲜的事情。就国内网络游戏来说，一个简单的与性相关的商业例子就是广告：广告动画中总是会出现衣着极端暴露、身材火辣的女性形象，她们通常手里还会拿着各种冷兵器，也对应着网络游戏目前的另一大主题：暴力。而在国外，在游戏（包括网络游戏）中添加性元素更是历史悠久：早在2004年，著名单机游戏《侠盗飞车》系列推出了《圣安地列斯》（*Grand Theft Auto*：*San Andreas*）这一续篇，除了延续以往的暴力、色情剧情外，还因其开发人员故意在游戏中留下一含有性交裸体画面的游戏模组执行档（后来被玩家破解成著名的“热咖啡”补丁）而引发巨大争议；随后一家叫Naughty America的公司趁热推出了一款可以在游戏中与异性做亲密接触的网络交友游戏*Naughty America Game*，其宣传口号也是“在网络中享受性的欢愉”如此具有挑逗性的话语。

随着各种单机或网络游戏视觉效果的不断提高，从2D进化到3D，画面也越发精细，再加上各路玩家自行破解、修改游戏文档的技能日渐成熟，游戏中对性的模拟变得越发逼真，其对色情内容的传播也变得越发难以控制。这其中，由美国林登实验室（Linden Lab）开发的成人网络游戏《第二人生》（*Second Life*）尤其引人注目。2007年，一位叫Kevin Alderman的人向《第二人生》中的另一名网名“Volkov Catteneo”的玩家提起诉讼，原因是其盗窃了Alderman编写的一套补丁程序的代码，并出售给其他玩家获利；而这项让Alderman获利数万美元并跻身“第二人生十大虚拟富豪”的补丁程序竟然是一套性爱装备！有了这款名叫“SexGen Platinum”的性爱程序，在《第二人生》中的角色只要装备上它就能获得虚拟的性器官并实现虚拟性爱。

如果说普通的性爱装备在欧美国家除了伤风败俗之外还谈不上违法犯罪的话，那么在《第二人生》中发生的，可就算是犯罪了：2007年初，《第二人生》内有一名虚拟少女声称被一名虚拟男人强奸。由于该虚拟少女为比利时国籍，比利时警方随即展开调查，但由于林登实验室对用户隐私的保护，很难弄到搜查用户IP地址的传票，至今该案仍未告破，未有人被起诉。2007年5月，德国电视台揭发一个儿童色情集团利用《第二人生》发布儿童色情影像，会员只要付出网上金钱，便可与虚拟小孩进行性行为。虽然事件不涉及真人，但仍触犯德国的保护儿童条例，被警方介入调查。

网络游戏中的性关系不仅在虚拟世界中泛滥，也扩散到了许多玩家的真实世界，不少虚拟世界的玩家在现实中喜

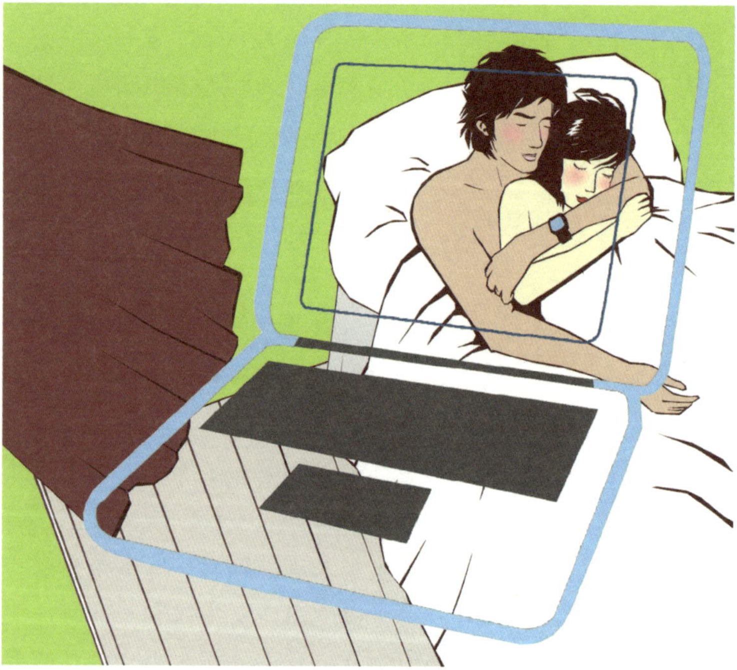

▲网络游戏中的性关系不仅在虚拟世界中泛滥，也扩散到了许多玩家的真实世界。

结连理——当然，也有人在网络游戏中红杏出墙弄假成真。还是那款游戏《第二人生》，来自英国的28岁的艾米·泰勒和40岁的大卫·波拉德通过《第二人生》的社区相识，并于2005年7月份注册登记结婚，两人同时也用虚拟身份在《第二人生》游戏中同时举办了一场隆重的“虚拟婚礼”。想不到仅过了三年，艾米偶然发现大卫竟然利用他在网络中的身份在《第二人生》里和别人偷情，伤心欲绝的艾米一纸诉状告到法院要求和大卫离婚。讽刺的是，她很快又在另一款网络游戏《魔兽世界》中结识了新的男友。

而在国内，类似的网络游戏玩家发展出的现实性爱则残酷得多。2006年9月，国内著名网络游戏《劲舞团》的两名玩家小玉和小锋在一次游戏中相识，两人渐生情愫；2007年2月，小锋和小玉在《劲舞团》中“结婚”。小锋在2月14日情人节千里迢迢来到上海去见自己的网络“老婆”，两人随后发生了性行为。小玉不慎怀孕，男方对此却不予理睬，女方不得不自己去医院堕胎。这就是引发全国争议的“《劲舞团》堕胎门”。

【枫哥点评】

网络游戏中出现与性有关，甚至接近于色情的内容，本是营销策略而已，结果却几近泛滥，真正有心消遣娱乐的人见之不胜其烦，而其他受性因素吸引而来的玩家，与其是来消遣放松，不如是来这虚拟世界发泄自己现实中无法满足的欲望。虚拟世界中的发泄终究不等同于欲望的实现，若不及时疏导，加强综合治理，那些与性有关的种种欲望仍会转变成现实中的洪水猛兽。

高级应召女郎的经济学

许多人认为提供应召服务的妓女是在从事不道德的职业，却不愿深究为何有的妓女获得较高的收入，有的妓女却收入微薄，为何嫖客如果有足够的钱都更愿意找高级应召女郎。

2008年3月，时任纽约州州长艾略特·斯皮策（Eliot Spitzer）因为高价嫖妓的性丑闻被媒体曝光而不得不宣布辞职。这位前纽约州检察长因对华尔街投资银行、证券公司发动攻击，严惩操纵市场或损害散户利益的分析师，并且不遗余力将少数华尔街泰斗级人物赶出金融界，从而赢得“廉洁先生”的美誉；然而这位“廉洁先生”却被丑闻证实是一伪君子。当斯皮策在纽约诺斯·福克银行的账户被发现异常资金流动并被财政部调查后，一个庞大的色情网络便浮出水面：一个名叫“皇帝俱乐部”的高级卖淫团伙向美国，甚至大西洋彼岸的英国名人政要提供“性服务”，斯皮策自己被“皇帝俱乐部”编号为“9号客人”。有传言甚至说“10号客人”是现任美国重量级政要或者是前篮球巨星乔丹，而“6号客人”则是英国首富——西敏寺公爵格罗夫纳。

令公众关心的不仅是这些客人中到底有多少大人物，还

▲一些应召女郎经常一天就能赚2万英镑，她们每周“工作”两天，一年就能赚200万英镑。

包括这些嫖客花了多少。以斯皮策为例，让他性丑闻曝光的那次召妓仅仅4小时，就花费了他4300美元；而据“皇帝俱乐部”英国分部的佩吉·艾什莉表示，为政要服务收费是每小时1000英镑，而且客人还经常给小费，佩吉最“幸运”的一次是4小时赚2万英镑，佩吉称：“这些人有的是钱，他们根本不在乎。”佩吉并非俱乐部中最赚钱的，一些应召女郎经常一天就能赚2万英镑，她们每周“工作”两天，一年就能赚200万英镑！

那些高级应召女郎的顾客们为什么愿意花费成千上万来“享受”这一危险且不道德的服务？或者说，所谓的高级应召女郎与街边拉客、衣着似乎更暴露、廉价的普通妓女有什么区别吗？一位美国记者曾在机场候机楼采访了一些男士，有一位表示那些普通妓女“很恶心、很脏”、“最后的结果就是，你可能把各种各样的疾病带回家，传染给你的妻子，这会很危险”。这似乎意味着妓女如同蔬菜、猪肉一般。而与一位女士在干净、整洁的环境中幽会标志着更高的素质，并且充分降低了感染疾病的风险。

另一位男士则认为更高的价钱通常意味着这个女人“多才多艺”（也就是说愿意提供更多的服务），或者更受欢迎，更有经验。这一“便宜没好货”的观点倒是对应上了2001年诺贝尔经济学奖得主阿克洛夫的“柠檬市场”理论。仿佛高价钱就是妓女“技能”、“质量”的标志；价格太便宜反而会让想获得高级妓女的男人对商品的价值产生疑问。

但光有顾客是不够的，是什么原因吸引着一批批年轻靓丽、身材姣好的女性从事这一令她们自己也十分难堪甚至饱受精神压力的职业呢？最近几年在英国ITV热播的一部电视剧《应召女郎秘密日记》（*Secret Diary of a Call Girl*）描述的就是高级应召女郎这一职业背后的种种辛酸。剧中的主角Belle在白天的正职是办公室秘书，属于白领，晚上就摇身变成应召女郎。被斯皮策拖下水的“皇帝俱乐部”中，各位应召女郎多具有专业背景且资质绝佳，比如凯丹斯身兼模特与内衣设计师，阿纳伊斯身兼舞者、演员、模特多个角色，来自美国南部的萨瓦纳是自由艺术家，伊丽莎贝塔从外交学专业毕业等等。这些有良好教育和专业背景的女孩为什么还要去做高级妓女呢？

2006年出版的《政治经济学杂志》上，有一篇题为《性交易理论》的论文，经济学家埃德伦和科恩认为在解释妓女高收入原因的背后，其实隐藏着一个关于婚姻的交易。一个女人不可能同时兼任妓女和妻子两个职业。将这句话与事实结合来看，即婚姻是女人的一个重要收入来源，更深的含义是，卖淫的收入必须比其他职业更高，这样才能弥补放弃婚姻或其他工作交易收入的机会成本——显然，4小时4300美元甚至是2万美元的收入，还有和名人政客出席高级派对、晚宴的机会，自然吸引了出身优秀却也许经济状况不佳的靓女们。

【枫哥点评】

虽然妓女这一现象古今中外都曾有过，她们的存在有着许多社会或个人原因，无法全用经济学的供求关系来解释，不过经济因素始终都弥漫在这类不道德甚至违法的现象周围。与其不断斥责卖淫者的道德水平，不如思考如何消除滋生卖淫的经济环境。

经济萧条，避孕套走俏

自2008年金融危机以来，世界各国各行各业都遭遇了经济寒冬，因为面临着失业的威胁和对未来收入减少的担忧，许多人纷纷捂紧自己的口袋，不敢消费。原本销售火爆的商品无人问津，甚至堆积在仓库卖不出去。经济似乎已经进入了政治经济学所说的“生产过剩”的阶段，但总有那么几种商品会逆市飘红，比如韩国市场上的避孕套。

据韩国《朝鲜日报》报道，2008年8月至11月，便利店GS25在韩国全国3300多家卖场的避孕套销售额比往年同期增加了19.3%，而GS25前7个月的避孕套销售额同比仅增长5.2%，与此相比，8月份以后销售额足足增加了2倍以上。便利店7-11的情况也是如此，从8月至11月中旬，7-11的避孕套销售额比往年同期增加了17.5%，这也远高于当年前7个月的避孕套销售额增加率的6.4%。

这等怪事到底是怎么发生的呢？原因似乎多种多样，不过最初的驱动力正是这场经济危机。GS25的销售部长金一龙表示：“一些学者认为，经济萧条会给人带来压力和恐慌感，而作为克服这些情绪的方法之一，人们大多是追求快乐来消除这些不安心理。通过这次统计，似乎证明了‘如果经济萧条，避孕套销量就会增加’的说法。”而法新社的相关报道则认为，避孕套热销也可能源于韩国家庭迫于现阶段经济拮据，决定推迟生育计划，等待经济好转时再添丁。当然，也许还有一个更简单的理由：因为许多人因失业而有更多的时间与家人或恋人呆在一起，更容易发生性行为。

事实上随着经济危机的发生，不但避孕套销售量大增，另一种与女性密切相关的商品——口红也热卖了起来。韩国LG生活健康公司报告显示，他们生产的口红2008年10月份销量比2007年同期上升15%。而爱茉莉太平洋集团说，它旗下品牌口红2008年头9个月销量猛增44%。LG生活健康公司的发言人说：“随着经济进一步下行，更多女性青睐彩色商品。在彩妆用品中，口红相对便宜。”也有评论说，口红似乎是最廉价的化妆品，面对经济萧条，女性越来越依赖口红点亮妆容，争取以一张容光焕发的脸展现自信。

事实上，对于经济危机下口红热卖这一现象还有一个专有名词来形容：“口红效应”。“口红效应”指的是在经济危机时消费者更愿意购买相对廉价的奢侈品这样一个理论。女性消费者在经济危机时选择购买的不是价格不菲的皮草服装而是高档口红，对这一情况我们可以用另外两个经济学上的效应来解释：在经济不景气的情况下，由于人们习惯了在经济景气时期的高消费水平，一时间不能迅速地改变自己的消费习惯，导致人们仍然有强烈的消费欲望，即杜森贝里所说的“棘轮效应”；又因为人们认为口红是一种相对比较廉价的消费品，所以在收入减少这一约束下，消费者会转而购买比较廉价的商品，这又叫做“替代效应”。口红作为一种“廉价的非必要之物”，可以对消费者起到一种安慰的作用。

▲许多人因失业而有更多的时间与家人或恋人待在一起，更容易发生性行为。

不过，不管这些商品热卖是叫“口红效应”还是“避孕套效应”，却未必都是普遍适用的。面对经济危机，韩国人选择避孕，在我国却出现了“金融危机宝宝”。由于金融危机，北京、上海及深圳等中国各大企业纷纷裁员。职场女性人人自危，为了保住饭碗，于是选择这个时间怀孕。按照我国《劳动法》第四十二条规定：任何公司在女员工怀孕和哺乳期间不得以任何理由和借口辞退员工。女员工在怀孕期间可以要求单位继续履行合同到哺乳期结束。“听说美国总部正在制定全球裁员计划，我怀孕了，公司就不能辞退我了。”在一家IT公司做软件运营测试的邱女士曾对记者如是说。她所在的公司非核心部门，肯定是裁员的重点，为了避免被炒掉，邱女士不得不将当妈妈的时间表整整提前了两年，“反正早晚要生的，现在时机最好”。

【枫哥点评】

在经济萧条的大环境下，不管商品是无人问津，还是像避孕套、口红那样逆市热卖，不管是为了节省开支而推迟生育，还是为了保住饭碗而提前生育，都只是为了渡过生活的难关，让人们在经济的寒冬中活出些许色彩。

偷情者的经济账

变化，总在大家习以为常到麻木的时候出现。

2009年11月28日凌晨，高尔夫球手老虎伍兹驾车在离开自己位于佛罗里达的豪宅时，意外脱离正常的车道，撞上了邻居家旁的消防栓和树木。这一撞，惊动的可不只是闻讯赶来的警察，还有全世界的媒体。后面的事情我们都知道了，这位全球第一体育富翁，家庭形象完美的男人，原来是个偷情高手。

不过，常识上说，高明的偷情，当事人应该表面没什么瓜葛，约会时间也要选择个风高夜黑的环境，这样才能神不知鬼不觉。例如就很少人能够想到，麦当娜和NBA的花花太岁罗德曼怎么能够在一起呢？有一次，罗德曼正在拉斯维加斯训练，麦当娜在纽约疯狂地给他打电话，说，“我正处于排卵期，你快过来！”罗德曼只好停止训练，飞了5个小时到纽约和她偷欢。

想不到吧。

要不是事后罗德曼在其自传《我行我素》中大嘴巴，鲜有人知道这两位名人的偷情轶事。罗德曼时隔多年把这段经历爆出来，让自传销量提高不少。相比伍兹的偷情损失，简直是一个天上一个地下。

也有把偷情搞得轰轰烈烈的，开房局长就是其中的代表人物。局长同志在微博上高调约情人开房，被无数路人甲八卦丙围观，后果十分严重，第二天就给停职了。

从某种意义上说，开房局长的政治生命可能就此完结，其潜在的经济效益，也轰然瓦解。不需要精细计算，就可以知道这次开房事件中，损失有多惨重。

不过，相比老虎伍兹，人家才是真的伤不起。

伍兹从1996年转为职业球手后，从来没有任何绯闻。尤其是在2002年结识埃琳并在2004年正式成婚后，两人一直是体坛模范夫妻的最杰出代表。也许正因为之前站得太高太完美，伍兹此次闹出的动静也更大，他的婚姻危机，在全美的关注度甚至超过了之前杰克逊去世事件，而且在《时代》周刊评选的“史上十大道歉”中，伍兹因为出轨而作出的声明竟然高居榜首，连当年克林顿因为“拉链门”而作出的道歉也只能排在第9位，甚至美国前国防部长关于“越战”的道歉，也只能排在第6位。

在“绯闻门”出炉后，包括耐克等主要赞助商都没有对此过多评价，但影响在那儿。老虎伍兹的商业价值已经受到了毁灭性的打击，而且是数额巨大的数十亿美元。这个时候，伍兹代言的厂商们真是欲哭无泪。伍兹离婚付的7000多万美元分手费在常人看来算天价了，其实只能算小数目，这让小老百姓情何以堪。

一个偷情，损失这么多白花花的银子，也真算千古罕见。这还不算历史上最昂贵的偷情。

接下来要出场的人物是吕不韦先生。吕老先生是历史上

▲家庭形象完美的老虎伍兹原来是个偷情高手。

赫赫有名的商人兼政治家，他的偷情故事更传奇，影响也更为深远。现在还有不少导演用吕老先生的故事来忽悠观众呢。

吕先生先是把自己的姬妾送给秦始皇的老爸做妃子，并继续和其偷情。结果这姬妾生了个儿子，不知道具体为谁所出，反正是一笔糊涂账。只是后人从吕先生后来的所作所为推断，这小孩多半是他的种。很可能是吕不韦亲生儿子的秦始皇出生后，吕不韦花费巨资将正在赵国做质子的子楚送回大秦。

在吕先生出钱、出力、出妾的努力下，子楚终于坐上了王位，吕先生也顺理成章地做了二把手，被任命为丞相，封为文信侯。

庄襄王子楚在位三年之后就死去了，秦始皇继立为王，尊奉吕先生为相邦，称他为“仲父”。吕先生可谓是一手遮天，和太后偷起情来就没那么遮遮掩掩了。再后来，无数演绎版本中，故事的结局都差不多。

吕不韦最终被秦始皇赐死，对外号称饮鸩而死。统一六国的秦始皇，为了惩罚和防止女人与男人发生不正当关系，在全国推行了轰轰烈烈的“贞操”运动。

【枫哥点评】

先秦时代，并没有一套贞操观来限制妇女的自由，少女婚前可享受一定程度的性自由，包括与男性谈爱私奔的权利。估计秦始皇对“贞操”的提倡，很可能是因吕不韦这个便宜老爸而起。偷情能够引起这么大的经济效应和社会效应，吕不韦算是古今中外第一人。当今老虎伍兹又算老几，开房局长的付出就更多了。

价值480万欧元的性爱影片

3000亿欧元，换算成人民币约合27000亿元，这是什么概念？中国举办2008年奥运会总共投资了420亿美元，约合2700亿人民币，也就是说，3000亿欧元可以让中国华丽地举办十次奥运会。这个数字足以让人瞠目结舌。而希腊当局如今却面对着3000亿欧元的巨额国债，更为严重的是希腊面临强大的国际舆论，这对于上台才9个半月的新政府来说，确实压力巨大。

为什么希腊会承受如此大的压力呢？怎样看待希腊的危机和产生的原因？有专家指出，政府的债务问题是40年累积下来的。军人政府倒台之后，希腊有了快速发展，特别是希腊加入欧盟之后经济增长迅速，政府希望人民过上好日子，就效仿欧洲其他国家给民众好的医疗、就业保障，好的社会福利，钱花了不少，税却收不上来，由此走上了举债发展的道路。

希腊民众对待国家经济危机的反应也有所不同。2011年5月20日，全希腊大罢工，罢工的范围覆盖了交通、海运、商店、学校以及政府机关。根据新华社报道，当天并没有看到

▲480万欧元的性爱影片，茱莉雅·丽珊德拉度在某种程度上也算是救了希腊一次。

通常的广场集会和声势浩大的示威游行——当地媒体报道当天上街游行的只有两三万人，大多数人选择在家休息，或者去郊游。“这就是希腊人，”记者说，“面对难以接受的生存压力，希腊人民表现出来的，依然是热爱生活，以及坚忍与达观，这是他们的天性和传统。”

就在欧盟各国财长正在开会讨论怎么样帮助希腊解决外债的时候，希腊有着一半英国血统的23岁性感女星茱莉雅·丽珊德拉度与一名不明身份男子的性爱经过被拍摄成性爱影片公之于众，意外创造出480多万欧元产值（约合人民币4460万元），让希腊人得以苦中作乐，暂时不去为债务发愁。据说这部性爱影片被录制成DVD后，10天内就疯狂卖了24万张，成为希腊热门话题，就连国会也十分关注。而茱莉雅·丽珊德拉度本人说：“这是一个重大丑闻。”也有政客指出“这是首度有希腊名人发生性爱影片流出这样的糗事”。

我们是不是能够把这种偶然的性爱影片替国家解决经济问题的途径，划分在“曲线救国”的范畴呢？

不是世人不明白，而是世界变化快。

在西方民主中，“资本”说了算，而资本的核心就是“钱”。在美国，拍摄A片的导演是可以竞选政要的，因为色情产业不是“地下产业”，而是占有世界主要市场的重要产业。即使像希腊人民坚忍达观，但是愈演愈烈的希腊国内形势还是比较紧张的。平民的游行还是让政客有所担忧、有所顾忌，警察一轮又一轮镇压也向世界展示希腊政府还在正常运作。欧盟各国财长即使打算“救市”，但是3000亿欧元不是一个小数目，估计欧盟各国首要做到的应该是自保安康，而希腊政府已经是捉襟见肘。此时，希腊的资本利益集团意外地给予希腊民众一个“糖衣炮弹”，只是这个“炮弹”是还没有穿衣服的一对男女在镜头前卖力演出。“好汉不问出处”，只要达到自己的目的，道德约束可以和“脸面”一起先放在兜里。为啥？因为有钱就有面子。

480万欧元的性爱影片，茱莉雅·丽珊德拉度某种程度上也算是救了希腊一次。但是这种救市方式的背后，利益集团的不择手段，是被世人所不齿的贪婪和自私。

【枫哥点评】

林子大了啥鸟都有。性爱影片成了麻痹民众的工具，像一把锁锁住希腊民众的手脚，像一只手捂住了希腊民众的嘴。但是这种方式只能是治标不治本的，不可能从本质上解决问题。用性爱影片挽救经济，无异于一叶障目，其结果必然是每况愈下。